DE LA

RESPONSABILITÉ

DES ACCIDENTS

DONT

LES OUVRIERS SONT VICTIMES DANS LEUR TRAVAIL

DISCOURS

PRONONCÉ

A LA RENTRÉE DES AVOCATS STAGIAIRES DE LA COUR D'APPEL DE POITIERS

Le 14 Décembre 1889

PAR

Charles GOUILLAULT

Avocat

SECRÉTAIRE DE LA CONFÉRENCE

Lauréat de la Faculté de Droit

POITIERS

IMPRIMERIE BLAIS, ROY ET Cie

7, RUE VICTOR-HUGO, 7

1890

DE LA

RESPONSABILITÉ

DES ACCIDENTS

DONT

LES OUVRIERS SONT VICTIMES DANS LEUR TRAVAIL

DISCOURS

PRONONCÉ

A LA RENTRÉE DES AVOCATS STAGIAIRES DE LA COUR D'APPEL DE POITIERS

Le 14 Décembre 1889

PAR

Charles COUILLAULT

Avocat

SECRÉTAIRE DE LA CONFÉRENCE

Lauréat de la Faculté de Droit

POITIERS

IMPRIMERIE BLAIS, ROY ET Cie

7, RUE VICTOR-HUGO, 7

1890

IMPRIMÉ AUX FRAIS DE L'ORDRE PAR DÉCISION DU CONSEIL

Le samedi 14 décembre 1889, à deux heures, l'Ordre des avocats à la Cour d'appel de Poitiers s'est réuni en robes, dans la salle d'audience de la première chambre de la Cour, pour l'ouverture de la conférence des avocats stagiaires.

Étaient présents: M. Pichot, bâtonnier, présidant l'assemblée ; MM. Arnault de la Ménardière, ancien bâtonnier; Faure, secrétaire; Orillard, ancien bâtonnier; Normand, Druet, Séchet et Tornezy, membres du conseil de l'Ordre ; MM. Parenteau-Dubeugnon, ancien bâtonnier ; Mérine, Brissonnet, Poulle, de Veillechèze et de la Mardière, avocats inscrits au tableau.

La barre était occupée par MM. les avocats stagiaires.

M. le Bâtonnier a ouvert la séance et annoncé la reprise des travaux de la conférence. Il a ensuite donné la parole à M. Couillault, qui a lu une étude sur la responsabilité des accidents dont les ouvriers sont victimes dans leur travail et fait l'éloge funèbre de notre confrère M. Jarrassé, décédé le 27 novembre dernier.

M. Bernaud a lu une autre étude sur l'avocat au criminel.

Après ces deux discours, M. le Bâtonnier a réglé le service de la conférence pour les séances ultérieures, fixées, suivant l'usage, au samedi de chaque semaine, à deux heures et demie précises ; puis il a déclaré la séance levée.

Rentré dans la chambre de ses délibérations, le conseil, composé comme il est dit ci-dessus, a décidé que les études lues par MM. Couillault et Bernaud seraient imprimées aux frais de l'Ordre.

Poitiers, les jour, mois et an que dessus.

DE LA RESPONSABILITÉ

DES ACCIDENTS

DONT LES OUVRIERS SONT VICTIMES DANS LEUR TRAVAIL

Monsieur le Batonnier,

Messieurs,

Améliorer le sort de la classe ouvrière est aujourd'hui le rêve de nombre de bons esprits. Protection de l'enfance, limitation des heures de travail pour les adultes, secours en cas de maladie, retraites pour la vieillesse, rien n'est oublié, rien ne semble devoir être épargné. Mais, entre toutes, la question relative à la responsabilité des accidents dont les ouvriers sont victimes dans leur travail est, à coup sûr, celle qui passionne le plus et à bon droit.

Certes, elle aurait pu se poser depuis de longs siècles déjà, et les ouvriers, qui construisaient ces immenses cathédrales du moyen âge flanquées de tours énormes, étaient tout aussi exposés que ceux qui, de nos jours, élèvent les plus beaux palais dont nos grandes villes s'honorent et ces monuments d'altitude gigantesque, qu'accourent contempler tous les peuples de l'univers. Mais pour n'être pas moins terribles, les accidents étaient alors moins fréquents, plus faciles à éviter, peut-être.

Jusque-là, l'ouvrier, maître de son outil, n'avait à compter qu'avec son habileté et sa force physique. Entouré de quelques compagnons, ses amis, dans un modeste atelier, il ne mettait guère en péril sa vie et sa santé. Aujourd'hui, pour lui, tout est changé. Chassé de l'atelier où il travaillait pour ainsi dire en famille, il s'est vu priver de cet outil, qu'il maniait si bien, et entasser avec des centaines d'autres hommes, qu'il ne connaîtra peut-être jamais, dans une salle souvent exiguë où il ne respire qu'un air trop rare et tout empesté de fumée.

Voilà comment, étourdi par le ronflement des machines dont il est moins le conducteur que le serviteur, l'ouvrier, qu'un travail monotone et sans cesse répété rend insouciant, voit chaque jour croître autour de lui le nombre des accidents et de leurs funestes suites. Si bien qu'après ne s'être élevés, dans la période de 1821 à 1836, qu'à 4.744, les acccidents mortels ont plus que doublé dans la période de 1860 à 1866, dans laquelle ils n'ont pas été moindres de 10.298 (1). Si l'on en croit l'*Economiste Frànçais*, de 1875 à 1880, le chiffre moyen des accidents mortels serait actuellement de 10.592, le chiffre total de tous les accidents dépassant 63.552 par année (2).

Ainsi le veulent les besoins de la consommation de jour en jour plus exigeante et la substitution sans cesse croissante des forces brutales et aveugles aux forces intelligentes, du travail irréfléchi de la machine au travail raisonné de l'homme.

Qui viendra au secours de ces malheureuses victimes ? Qui doit répondre de l'accident ? Inutile de chercher la solution dans notre loi. A tort ou à raison, le législateur est resté muet (3). Les principes généraux, voilà les seuls guides en la matière. Aussi, jurisconsultes, philanthropes, hommes d'État discutent avec passion pour résoudre ce problème tout à la fois juridique, économique et social.

Examiner comment il a été résolu par notre jurisprudence et quelles critiques peuvent être adressées à ses décisions, étudier les divers systèmes qui se sont fait jour dans la doctrine et les projets en instance devant le Parlement, comparer enfin les résultats qu'ils peuvent donner avec ceux acquis déjà, en pays étranger, tel sera l'objet de nos efforts.

Nous ne nous dissimulons pas quelles difficultés nous attendent dans l'étude d'un tel sujet et quelles marques d'estime vous nous avez accordées en nous désignant pour le traiter devant vous dans cette séance solennelle. Qu'il nous soit permis, Messieurs, de vous exprimer notre plus vive reconnaissance.

Avant d'aborder l'examen d'une matière aussi ardue, qui divise tant de savants jurisconsultes et d'éminents professeurs, nous

(1) *Moniteur des assurances*, 1874, page 277.
(2) N° du 27 décembre 1884, page 803.
(3) Cf. Disc. de M. Glasson et M. Leroy-Beaulieu.

croyons nécessaire de préciser nettement le cas où peut naître la discussion.

Le travail s'exécute, en effet, de bien des manières. Ce peut être à la tâche ou à la journée, chez l'ouvrier ou chez le maître, avec des matériaux que fournit ce dernier ou bien encore avec des matières premières que l'ouvrier se procure lui-même. L'ouvrier peut enfin être son propre directeur, ou n'agir que sous les ordres et d'après le commandement du patron. Dans l'un et l'autre cas, il ne saurait y avoir lieu à discussion qu'autant que l'ouvrier agit comme subordonné et sous l'autorité d'un chef, fait un travail qu'il ne dirige pas sur des matières qu'il ne choisit pas. L'ouvrier, c'est donc tout individu qui accomplit pour un autre et sous sa direction un travail matériel déterminé.

Jusque-là, nul doute, mais l'accord cesse de suite.

Ne trouvant dans le contrat de louage rien qui pût la guider, la jurisprudence, obligée de se fonder sur les principes généraux, crut trouver une juste base pour ses décisions dans les articles 1382 et suivants du Code civil, au titre des engagements, qui se forment sans convention. Quiconque, y est-il dit, cause un préjudice à autrui par sa faute, son imprudence ou sa négligence, doit le réparer. Or, dit-on, l'ouvrier n'est-il pas pour le patron cet étranger dont parle la loi? Pourquoi chercher dans la convention des parties le motif de la réparation? Le droit qu'a tout homme de se faire indemniser du préjudice subi n'est-il pas suffisant? — Il n'en fallut pas davantage et une unanimité imposante de décisions fixa la jurisprudence, qui resta sans conteste jusqu'à ces derniers temps.

Partant d'un tel principe et n'invoquant que la faute délictuelle, expression aujourd'hui à la mode, la jurisprudence en tira toutes les conséquences possibles, alla même plus loin et trouva dans les articles 1382 et suivants toute une théorie qu'ils ne contiennent point.

Trop nombreuses sont les difficultés qu'elle soulève pour que nous cherchions à les rappeler toutes; le cadre restreint de ce travail ne nous permet que d'en esquisser les grandes lignes.

On déclara donc, d'abord, que toute faute du patron donnerait naissance à sa responsabilité. Peu importe, d'ailleurs, que cette faute soit positive ou négative. Qu'il ait mal commandé, mal dirigé, mal organisé ou qu'il ne l'ait point fait du tout, on le traite de la même manière. Le patron doit tout prévoir, tout éviter, prémunir l'enfant contre l'inexpérience de son âge, l'homme mûr contre cette imprudence qu'il puise dans une confiance trop grande de ses forces ; si bien que, dans leur sévérité, les tribunaux décident que s'il n'a pas, par des moyens préventifs, écarté le danger, qui pouvait l'être, il sera condamné, quelque coûteux qu'eussent été ces moyens.

Il répond aussi de la conduite de ses préposés, de celle du contre-maître, qui transmet ses ordres, de celle des manœuvres, qui les exécutent. L'article 1384 ne le dit-il pas tout au long ? Quel que soit, au reste, le principe qui lui serve de base ; qu'on le place, comme certains, dans le choix sévère que le patron doit faire de ses subordonnés, qu'on le cherche avec d'autres, dans un défaut de surveillance de sa part, la jurisprudence l'interprète de la façon la plus rigoureuse. C'est ainsi qu'il a été décidé qu'une maladie contagieuse communiquée par un ouvrier verrier à l'un de ses camarades dans l'exercice de leur profession était à la charge du patron.

Là, toutefois, s'arrête sa responsabilité. Il ne répond, ni de la faute de l'ouvrier, ni des cas fortuits ou de force majeure, ni des accidents dont la cause demeure inconnue. Aucune présomption de faute ne pèse sur lui.

C'est au contraire à l'ouvrier qu'incombe tout entier le fardeau de la preuve. « Celui qui se prétend lésé, dit la Cour de cassation, est en conséquence, et en sa qualité de demandeur, tenu d'en justifier. Faute par lui d'en rapporter la preuve, sa demande doit être rejetée, sans que le demandeur ait à prouver le fait sur lequel il fonde une exception de libération. » Décision d'autant plus rationnelle, dans notre espèce, que l'on se fonde sur un délit ou un quasi-délit. La tâche n'en sera pas moins rude pour l'ouvrier.

Par contre, les articles 1382 et suivants étant d'ordre public et les parties ne pouvant y déroger par leurs conventions, le patron ne peut pas détourner toute responsabilité en faisant consentir une clause de non-garantie à l'ouvrier qu'il gage. Il a même été jugé, dans cet ordre d'idées, qu'une société de secours mutuels, dont tout ouvrier serait membre de droit et dont la caisse serait alimentée par une retenue sur ses salaires, ne ferait pas obstacle au recours en garantie contre le patron.

Rigoureuse et sévère pour le patron, en tant qu'elle lui impose de lourdes obligations, cette jurisprudence est non moins excessive pour l'ouvrier, sur lequel elle fait peser toute la charge de la preuve. « Qu'il subisse les conséquences de ses fautes, l'équité n'en est point choquée ; qu'il voie même peser sur lui les suites d'un accident dû à la force majeure, s'il n'a pas eu le soin de se garantir de ce risque par une convention toujours possible, c'est là une solution acceptable. Car, pourquoi faire porter ces risques à un autre plutôt qu'à l'ouvrier (1) ? » N'avait-il pas d'ailleurs un moyen de les éviter par avance ? Il lui fallait s'assurer. Mais que l'ouvrier soit dans la nécessité de faire la preuve, voilà ce qui suscite les réclamations.

Faire la preuve n'est pas, en effet, pour lui chose facile. « Il lui faut articuler des faits précis, pertinents et admissibles, selon les termes de la procédure, c'est-à-dire tendant à établir soit une infraction aux règlements, soit un outillage défectueux, une installation dangereuse, une absence de précaution, en un mot un fait quelconque qui sera réputé illicite ou pourra constituer une faute du patron ou de ses subordonnés. Puis l'articulation formulée, il reste à prouver la véracité des faits, soit au moyen de procès-verbaux, s'il y en a, et s'ils sont suffisamment explicites, soit par une enquête testimoniale (2). » Il lui faudra faire tout cela, alors qu'il est au lit, malade et impotent.

Cette sévérité trop grande fit attaquer et battre en brèche tout le fameux édifice de la jurisprudence. En 1880, M. Vavasseur donna le signal de la lutte. Deux jurisconsultes de grande valeur marchèrent bien vite à sa suite. Ce furent M. Sainctelette, en Belgique, M. Marc Sauzet, en France. Leur doctrine, toute nouvelle, repoussée chez nous par des magistrats de la valeur de MM. Cotelle et Desjardins, fut bien vite acceptée par les Cours d'appel de Belgique et la Cour suprême du grand-duché de Luxembourg, et les arguments en faveur de leur système semblent si puissants à M. Labbé qu'il croit, quelque objection que puisse faire un habile

(1) Sauzet. *Revue critiq.*, 1883.
(2) Vavasseur. *La Loi*, n° du 20 juillet 1880.

jurisconsulte comme M. Lefebvre, pouvoir en pousser la démons-
tration jusqu'à l'évidence.

Désormais, donc, on va chercher la base de la responsabilité
du patron dans la convention des parties, dans le contrat de
louage lui-même, et de délictuelle cette responsabilité deviendra
contractuelle. « Elle découle, dit M. Sauzet, de ce contrat, comme
l'autre obligation du patron, obligation principale, en quelque sorte,
celle de payer le salaire. » — « A côté et en dehors du salaire, le
patron est tenu d'une certaine responsabilité vis-à-vis de l'ouvrier ; il est tenu en vertu de son contrat. » — « Je ne comprends
pas, s'écrie à son tour M. Sainctelette, ce contrat si sec, qui se
réduirait à un troc de service contre de l'argent, alors que, dans la
vente, le louage, etc., autour de l'obligation principale convenue
de bonne foi, gravitent tant d'obligations secondaires. Je ne sais
pas me faire à l'idée que nos domestiques, nos collaborateurs ne
nous soient pas, de droit, autre chose que les premiers venus et ne
nous tiennent pas de plus près que des étrangers. Je me refuse à
croire, pour l'honneur du droit moderne, qu'il ait brisé toutes les
attaches anciennes sans en rien laisser subsister. Il me semble
qu'il y aurait là, dans l'harmonie générale de nos mœurs et de nos
lois, quelque chose qui détonnerait d'étrange façon (1). » La vraie
cause de la responsabilité du patron, c'est la convention des
parties ; qu'on ne l'aille pas chercher ailleurs. D'après la nouvelle
théorie, les articles 1382 et suivants sont hors de cause. Comment,
à vrai dire, y trouver les conséquences qu'en tire la jurisprudence.
« Leurs dispositions n'ont de force obligatoire que pour défendre.
Elles n'ordonnent pas. En déduire la moindre injonction, c'est en
fausser le sens et en méconnaître l'origine (2). »

Le principe de la faute délictuelle banni, la discorde était bien
près d'éclater dans le camp vainqueur. Quand il fallut détermi-
ner l'étendue des obligations du patron, fixer les limites de sa
responsabilité, dire à qui incomberait la charge de la preuve,
l'entente disparut.

Selon MM. Sainctelette et Sauzet, l'obligation du patron est des
plus rigoureuses. Pour eux, il promet la sécurité à l'ouvrier et

_____

(1) Sainctelette, *De la responsabilité et de la garantie*, p. 118.
(2) *Ibid.*, p. 144.

« l'ouvrier est comme l'assuré un créancier de sûreté ». En cas d'accident, le patron sera poursuivi comme n'ayant point exécuté son obligation et condamné en vertu de l'article 1147 du Code civil, s'il ne justifie, du moins, que cette inexécution provient d'une cause étrangère, qu'on ne saurait lui imputer.

Il devra prendre « toutes les mesures propres à sauvegarder la santé et la vie des ouvriers » ; et ajoute M. Sauzet, « pour mieux préciser ma pensée, je dirai : le patron doit veiller à la sécurité de l'ouvrier, c'est-à-dire qu'il doit le conserver sain et sauf au cours du travail dangereux, qu'il lui confie et qu'il dirige, il doit à chaque instant pouvoir le rendre à lui-même, valide comme il l'a reçu ». Non moins exigeant, le tribunal de commerce de Bruxelles déclare que « le maître doit garantir la sécurité de l'ouvrier et, à moins de cas fortuits, lui remettre à l'expiration du contrat sa personne indemne de tout accident (1) ».

Ainsi exagérée cette créance de « sûreté » prête par trop à la critique et les adversaires ont pu se demander si MM. Sauzet et Sainctelette, si le tribunal de commerce de Bruxelles, pour être conséquents avec eux-mêmes, ne devraient pas rendre les patrons garants des apoplexies, paralysies ou autres accidents analogues; car « pourquoi ces exceptions, s'écrie M. de Courcy, s'il est vrai que le patron doit restituer l'ouvrier sain et sauf ? Une insolation sur un toit, une congestion dans un atelier trop chauffé, etc., sont bien des accidents du travail, et la garantie qui ne s'y appliquerait pas serait incomplète ».

Moins radicale, et par suite plus admissible, est l'opinion de M. Labbé. D'après lui, « le maître, qui dirige le travail de l'ouvrier, garantit la bonne détermination de ses ordres, le bon état, l'aptitude des instruments qu'il fournit, l'emploi judicieux des moyens les plus sûrs de préservation. Quand l'ouvrier est placé dans une situation où le péril est accru par la multiplicité des agents employés ensemble, il garantit le choix éclairé, prudent, des collaborateurs qu'il donne à ses ouvriers ». Ainsi, le savant professeur n'impose au maître d'autres obligations que celles que lui reconnaît la jurisprudence.

En désaccord avec les promoteurs de l'opinion nouvelle quant

(1) Sirey, 1885, 4, 31.

à l'étendue de l'obligation elle-même, M. Labbé fait découler, comme eux, de la doctrine de la faute contractuelle le renversement de la preuve, et décide, contrairement à ce qui se pratique dans nos tribunaux, que l'ouvrier n'a point à prouver la faute du patron, que c'est à ce dernier, au contraire, de démontrer sa non culpabilité. Sans doute l'ouvrier est demandeur et doit, comme tel, montrer la cause génératrice de son droit; mais cette cause, disent nos auteurs, n'est autre que le contrat de louage d'ouvrage. L'ouvrier qui démontre qu'entre lui et son maitre est intervenu un contrat de louage de services aura donc prouvé tout ce qu'il doit prouver. Le patron ne pourra s'exonérer, selon MM. Sauzet et Sainctelette, qu'en prouvant le cas fortuit ou la force majeure ou la faute de l'ouvrier. Le contrat n'imposant au patron, selon M. Labbé, qu'une obligation moins lourde, il lui suffira, pour ce dernier, de prouver qu'il a pris toutes les précautions qu'il était en son pouvoir de prendre ; moyennant quoi il sera absous.

Les rôles n'en sont pas moins changés et tel qui jadis était demandeur devient défendeur et voit tourner à son profit les chances du procès. Ce bouleversement choque certains esprits. Aussi tout en admettant la nouvelle théorie de la faute contractuelle, deux professeurs à la Faculté de droit de Paris, M. Glasson et M. Ploniol après lui, s'efforcent-ils de rejeter sur l'ouvrier le fardeau de la preuve. Est-il établi, dit M. Glasson, que l'un des contractants n'a pas exécuté son obligation, il ne peut échapper aux dommages et intérêts qu'en prouvant le cas fortuit ou la force majeure. Mais encore faut-il qu'il soit démontré que l'obligation n'a pas été exécutée. « L'ouvrier a été blessé par un éclat de machine, le patron affirme qu'elle était en bon état au moment où il l'a livrée et l'ouvrier soutient le contraire. Entre ces deux affirmations, laquelle doit être préférée ?... » Pourquoi croire plutôt l'un que l'autre ? Pourquoi ne pas appliquer dans le silence du Code ce principe élémentaire que la faute ne se présume pas ?

Mais, hâtons-nous de le dire, ce n'est pas pour arriver à ce mince résultat que l'on a fait tant de bruit. Avec le renversement de la preuve, les conséquences sont autrement considérables. Si l'on n'aboutit pas à raccourcir les délais de procédure, si les lenteurs et les détours inextricables de l'enquête testimoniale subsistent encore, au patron incombera du moins le soin de diriger l'action. L'ouvrier répondra bien encore de ses fautes, mais le patron supportera les conséquences des accidents dont la cause reste ignorée. De là un stimulant. Présumé responsable, il redoutera davantage les catastrophes et fera plus d'efforts pour les prévenir. Il cherchera, dans la mesure du possible du moins, des témoignages. Par suite, diminution probable des accidents de cause ignorée. — Les Compagnies d'assurances qui, peu exigeantes quand elles savent occuper le rôle de défendeur et lasser la patience de l'ouvrier traitent facilement et à prix minime, demanderont une prime autrement plus lourde. Peut-être seront-elles écartées, elles interviendront à coup sûr moins fréquemment. Eh bien, du jour où elles ne seront plus là pour lui faire obstacle, l'ouvrier se fera rendre facilement justice.

Ces heureuses conséquences ne sont pas pourtant sans une contre-partie, qui risquerait fort de les anéantir. Une clause de non-garantie pourrait bien faire crouler tout cet ingénieux édifice.

Se fondant sur des principes d'ordre public, la jurisprudence pouvait, sans coup férir, déclarer la clause de non-garantie nulle et de nul effet. Il n'est point aussi commode de l'écarter en prenant la faute contractuelle pour point de départ. Sur ce point, la jurisprudence est flottante et les auteurs en désaccord se demandent si l'on ne doit pas permettre aux contractants d'anéantir la responsabilité qui émane de la faute contractuelle. L'affirmative a la majorité des auteurs pour partisans.

Avec une telle solution, le patron n'hésitera pas. Je veux bien vous donner de l'ouvrage, dira-t-il à l'ouvrier, mais à cette condition: vous me dégagerez de toute garantie, de toute responsabilité, et l'ouvrier, pour avoir du pain, ne manquera pas de souscrire à la convention. — Couvert d'une immunité d'autant plus dangereuse qu'elle sera plus complète, le patron n'aura plus que faire de se préoccuper de l'emploi de ces moyens dont on se montrait tout à l'heure si jaloux. Voilà comment cette créance de sûreté, si lourde pour le patron, menace de devenir une promesse d'insécurité. Aussi, tout en admettant que, de droit commun, l'on peut s'affranchir de la faute contractuelle, MM. Sauzet et Sainctelette déclarent que dans notre hypothèse le patron demeurera responsable, parce que tout ce qui touche à la sécurité des personnes est d'or-

dre public et que cette créance de sûreté est un « élément essentiel
du contrat de louage ».

. Chaos et ténèbres, voilà tout ce que peuvent produire ces con-
troverses. Pourtant, durant que les docteurs noircissent tant de
papier, les catastrophes se multiplient et les morts, comme à Ver-
pilleux, se comptent par centaines. L'opinion publique s'émeut, le
législateur intervient et l'on cherche à faire un pas en avant dans
la solution de ce grand problème.

Urgent est le remède, mais bien difficile à découvrir. De nombreux intérêts sont en présence : froisser l'un au détriment de
l'autre c'est décider l'échec de toute réforme. L'ouvrier est digne
de protection, mais le patron ne doit pas être considéré comme
« taillable et corvéable à merci », et la liste des industriels, qui
ont encouru la ruine, serait autrement plus longue que celle de
ceux qui sont parvenus à la fortune. Si le patron « plie sous la
menace des responsabilités », que l'on se plaît à vouloir accumuler
sur sa tête « et ferme ses ateliers, la production nationale se
ralentira, certains objets de consommation renchériront, et les
ouvriers, obligés de porter ailleurs leurs services, verront probable-
ment diminuer leur salaire ».

Essayera-t-on de transformer l'État en assureur. Mais cette
conception socialiste est inique. L'État c'est la masse des citoyens,
qu'ont-ils à voir dans des accidents produits au cours d'un travail,
dont le plus souvent ils ne profitent point. Exiger l'assurance
obligatoire, c'est décréter la ruine du petit industriel au profit des
grandes compagnies. C'est déjà faire un pas dans le socialisme
d'État. Ce n'est pas tout et là ne sont pas les plus grands incon-
vénients.

L'étude de la législation allemande va les mettre en relief.

Désireux d'enrayer les progrès toujours croissants du socialisme, M. de Bismarck, empruntant à ses adversaires certaines de
leurs idées, soumettait, dès 1881, au Reichstag, un projet de loi
sur les accidents, venant modifier la loi de 1871. Maints échecs
avaient suivi ces tentatives, lorsqu'en 1884, après des discussions
passionnées, il fit triompher une loi qui organise d'une façon
modèle le système de l'assurance obligatoire.

, Seront assurés, dit cette loi, tous les ouvriers occupés dans les
mines, salines, établissements où l'on traite les minerais, carriè-

res, lieux d'extraction, chantiers, bâtisses, fabriques et établissements où l'on travaille les métaux, ainsi que les employés industriels occupés dans les mêmes industries, lorsque la rémunération annuelle de leur travail ne dépasse pas 2.000 marcs.

Ni l'État, ni l'ouvrier, directement du moins, ne participeront au paiement de la prime d'assurance, qui varie suivant le risque de chaque industrie. Le patron seul en est chargé, mais il ne répondra plus du dommage, sauf toutefois le cas où par une sentence pénale il·serait prouvé qu'il l'a provoqué sciemment et à dessein.

Des « Associations professionnelles », ayant la mutualité pour base et l'approbation du conseil fédéral pour sanction, sont les organes de l'assurance. Au-dessus d'elles, pour les diriger et les contrôler, plane l'administration impériale des assurances. Enfin, des juridictions arbitrales sont instituées avec la mission de régler les indemnités, sauf appel devant l'administration impériale.

Ces indemnités varient, au reste, suivant les accidents, sans jamais pouvoir dépasser une fraction du salaire moyen de l'ou--vrier. Elles sont payées par l'administration des postes.

Vaste machine gouvernementale imposée par la main puissante de M. de Bismarck, la loi de 1884 fait tout converger vers cette administration impériale, qu'il a sous sa main. Recul vers le passé, elle rétablit, sous le nom d'associations, les anciennes corporations de métier du Moyen âge avec tous leurs abus de réglementation. C'est ainsi, par exemple, que les tableaux exigés annuellement des chefs d'entreprise, qui sont au nombre de 250.000, ne contiennent pas moins de 114 colonnes. Un grand déploiement d'une bureaucratie toujours ruineuse en est la conséquence. Aussi l'office impérial de Berlin a coûté en 1886 plus de 300.000 fr. 17.296 personnes sont mises en mouvement pour 10.540 accidents ; et pour 1.711.699 marcs payés comme indemnité, les frais se sont élevés presque au double : à 2.326.299 marcs (1).

La gêne et les vexations qu'entraîne cette « législation inquisitoriale » n'ont pas manqué de soulever une opposition dont M. Grünner rend compte en ces termes : « Les patrons de la petite industrie, qui n'avaient jamais connu les charges de l'assurance, sont dès maintenant mécontents, malgré le peu qu'on leur demande. Ils ne comprennent rien à ces volumineux dossiers, à ces longs

(1) *Bulletin de la Société d'économie politique.* Année 1888, p. 42.

tableaux de statistique; ils ne répondent pas et il faut les menacer des pénalités de la loi pour obtenir d'eux les renseignements exigés.

« Les ouvriers en faveur desquels la loi est faite élèvent contre elle des plaintes beaucoup plus vives encore.

« En résumé, la loi pèsera lourdement dans quelques années sur l'industrie allemande (1). »

L'ascendant de M. de Bismarck sur ses voisins est tel que, malgré ces avertissements, ils se sont hâtés de marcher à sa suite.

C'est ainsi qu'en Autriche, après cinq années de discussions, le Parlement vota une loi, promulguée le 28 décembre 1889, décrétant l'assurance obligatoire. Le but est, soi-disant, de fournir à l'ouvrier, en cas de blessures et suivant leur gravité, une rente basée sur le salaire de la dernière année et dont le maximum sera de 1200 florins. Pour le cas de mort les frais funéraires seront à la charge de l'assurance, qui devra servir en outre une pension aux parents survivants de la victime. L'assurance aura, comme en Allemagne, des associations mutuelles pour organes. Remarquons toutefois que les primes seront ici payées partie par le patron, partie par l'ouvrier; neuf dixièmes par les premiers, un dixième par l'ouvrier, et tandis que la loi allemande n'accorde jamais qu'une rente viagère, le système Autrichien permet de donner sous garantie tout ou partie du capital correspondant. Ce qui a fait dire à M. Grünner : « Si la loi allemande empêche la victime de mourir de faim, la loi autrichienne le met à même, dans bien des cas, de se créer une nouvelle situation. »

Quoique tout empreinte de l'idée socialiste, la loi autrichienne, copie de la loi allemande lui est donc supérieure.

Plus on s'éloigne de Berlin, plus le régime de la liberté reparaît et des trois pays alliés l'Italie est celui qui sacrifie le moins au socialisme d'Etat. L'assurance n'est point bannie mais elle reste libre, et les patrons peuvent la contracter soit seuls, soit avec le concours de leurs ouvriers; il leur est même permis de la laisser à la charge de ces derniers. Leur volonté seule fait loi. Quant aux tarifs, l'Etat les contrôle mais ne les fixe point, et « s'il intervient c'est pour émanciper, non pour asservir ».

(1) *Journal officiel*, n° du 9 mars 1889.

En Suisse rien encore n'a trait à l'assurance obligatoire. Il est vrai que le gouvernement prépare tout un système à l'instar de ce qui se pratique à Berlin; mais la loi de 1881 adopte tout simplement le principe du risque professionnel, rend le patron responsable de tout accident arrivé soit par sa faute, soit par celle de ses préposés, soit « lors même qu'il n'y aurait pas faute de sa part... (art. 2) à moins, — et ceci est à remarquer, — qu'il ne prouve que l'accident a pour cause ou la force majeure ou des actes criminels ou délictueux imputables à d'autres personnes...., ou la propre faute de celui-là même qui a été tué ou blessé ». Le taux de l'indemnité est d'ailleurs fixé par avance et ne dépasse pas dans les cas les plus graves six fois le salaire de l'ouvrier avec un maximum de 6.000 francs.

Alors que dans l'Europe entière on légiférait et que des difficultés s'élevaient chez nous de toute part, notre Parlement ne resta pas inactif. Dès 1880, M. Martin Nadaud le saisissait de la question, et l'année suivante il déposait sur le bureau de la Chambre des députés un projet de loi renversant tous les principes admis jusqu'à ce jour par nos tribunaux. Il chargeait le patron de la preuve, le déclarait responsable dans tous les cas, un seul excepté : celui où la faute de l'ouvrier serait patente. Il transformait enfin toutes les règles de la procédure. Inutile de dire que cette tentative ne réussit pas, et que bien d'autres partagèrent son sort. De toutes ces propositions nous ne citerons que la plus célèbre, celle de **M.** Félix Faure. Elle fit grand bruit parce qu'elle introduisait un principe nouveau, le risque professionnel, et réglementait l'assurance obligatoire. Si elle n'a pas abouti, elle a fourni maintes dispositions au projet actuellement en instance et mérite comme telle une mention toute spéciale.

Proposé dès 1885 par M. Rouvier, et repris l'année suivante par M. Lockroy, alors ministre du commerce, au nom du gouvernement, ce projet de loi, adopté par la Chambre sous la réserve de modifications profondes, est actuellement soumis à l'approbation du Sénat. Mais, renvoyé de commissions en commissions, il n'a pas encore reçu la consécration d'une première délibération.

Tel que la Chambre l'a adopté, le projet décide que : « Tout ac-
« cident survenu dans leur travail aux ouvriers et employés occu-
« pés dans les usines, manufactures, chantiers, entreprises de

« transport, mines, minières, carrières, et en outre dans toutes
« les exploitations faisant usage d'un outillage à moteur méca-
« nique, donne droit à une indemnité......

-« Cette indemnité est à la charge du chef de l'entreprise, quelle
« qu'ait été d'ailleurs la cause de l'accident.

.« Toutefois il ne sera dû aucune indemnité à la victime qui aura
« provoqué intentionnellement l'accident. »

Le taux de l'indemnité n'a rien de fixe, il varie suivant l'âge, le
sexe, les charges de famille de la victime. Il varie aussi suivant
la gravité de l'accident et les degrés de la responsabilité que l'on
peut relever contre le patron, sans pouvoir être moindre de
400 fr. pour les hommes et de 250 fr. pour les femmes, et s'élever,
même au cas d'incapacité absolue, au-dessus du tiers du salaire
moyen annuel. Dans ces limites toute latitude est laissée aux
juges qui, pour le cas de condamnation pénale du patron, ne seront
même plus liés du tout.

Une procédure nouvelle vient faciliter l'exécution de ces dispositions. Dans les 24 heures de l'accident, déclaration en sera faite,
au maire de la commune, qui en dressera procès-verbal. On y
joindra un certificat du médecin. Le juge de paix se transportera
sur les lieux et fera une enquête, lorsque le médecin jugera que
l'incapacité de travail durera plus de dix jours. Enfin, nouveau
procès-verbal sera dressé avec l'assistance d'hommes compétents,
s'il y a lieu.

Dans une deuxième partie, le projet, repoussant le système de
l'assurance obligatoire, prévoit pour les industries qui voudront se
couvrir du risque professionnel quatre types principaux de solu-
tions. Ils pourront rester leurs propres assureurs s'ils sont assez
puissants pour cela, ou bien s'adresser à une compagnie ordinaire
d'assurance, recourir à la caisse de l'État ou, en dernier lieu, et
c'est la forme favorite du projet, se grouper entre eux pour constituer des syndicats d'assurance mutuelle, copies des Associations allemandes et autrichiennes.

*_**

On ne renverse pas ainsi l'ordre établi et les règles appliquées
depuis trois quarts de siècle sans rencontrer des opposants, et les

critiques ne manquèrent pas à ce projet qui comptait au Sénat M. Léon Say parmi ses adversaires.

Le principe sur lequel il repose tout entier est le risque professionnel, c'est-à-dire « le risque afférent à une profession déterminée indépendamment de toute faute des ouvriers ou des patrons ». Nous ne cherchons point à l'attaquer, nous constatons simplement que les législations étrangères l'ont adopté et que, dans l'état actuel de la science, malgré toutes les précautions prises, il se produit toujours des accidents sans que la plupart d'entre eux résultent d'aucune faute.

Qu'on déclare ces accidents charge de l'industrie qui les produit et qu'on les fasse rentrer dans le prix de revient au même titre que l'entretien des machines, c'est fort grave au point de vue économique, dangereux pour l'ouvrier lui-même. L'opinion générale est pourtant bien nette. On veut les faire supporter par le patron, et la justice n'en est peut-être pas trop froissée.

Mais ce que nous ne saurions admettre, c'est que l'on aille, comme l'a fait la Chambre, jusqu'à rejeter sur le patron les conséquences de la faute lourde de l'ouvrier. Cela va à l'encontre de toutes les règles de notre droit et choque les principes de la plus vulgaire équité. Qu'importe aux promoteurs de la réforme, s'ils s'attirent ainsi la sympathie des masses !

Au Sénat, on ne pensa pas de la même manière et l'on n'hésita pas à faire supporter à l'ouvrier les conséquences de sa faute. « Dans toute industrie, dit l'article premier, tel qu'il ressort de la « première lecture, où le travail sera reconnu dangereux, le chef « de l'entreprise est responsable de tout accident survenu, par le « fait du travail ou à l'occasion du travail, à ses ouvriers ou em- « ployés à moins qu'il ne prouve que cet accident est *survenu par la* « *faute lourde de l'ouvrier ou employé*. »

Le Sénat reviendra-t-il sur cette décision ? Espérons que non. Que sera le reste de la loi ? Il ne nous est pas permis de le savoir. Clôse au mois d'avril dernier, après le vote de l'art. 1er, la discussion ne revint qu'au mois de juillet, et le 2, sur un amendement de M. Félix Martin, l'article 2 fut à nouveau renvoyé à la commission.

Ce qui est dès maintenant certain, c'est que l'art. 1er, tel qu'il est conçu, aggrave singulièrement la situation déjà si précaire de l'industrie. Pourra-t-elle sans fléchir supporter ces charges supplémentaires ?

Nos industriels seront-ils à même de soutenir la concurrence étrangère, déjà si redoutable ? Nous aimons à le croire. Mais que l'on songe bien que l'intérêt de la France est en jeu, qu'il y va du sort de centaines de petits patrons, et que, par un excès de zèle intempestif, on pourrait bien nuire à ceux-là même que l'on veut protéger. Qui s'étonnerait de voir baisser les salaires et proportion des charges, dans ces industries dangereuses où le patron sera exposé aux plus lourdes responsabilités ? Puis, telle qu'elle est conçue, la loi excite le patron à éliminer de ses ateliers ceux-là mêmes de ses ouvriers qui ont le plus grand besoin de travail, ceux aussi dont les risques sont les plus grands : les hommes faibles, inexpérimentés ou âgés, les hommes mariés, surtout ceux qui sont chargés de famille, pour ne prendre que les hommes jeunes, agiles et forts, les célibataires, les étrangers, peut-être.

Que l'on prenne garde aussi d'enlever toute prévoyance à l'ouvrier. Dans les conditions de travail actuelles, c'est précisément cette insouciance trop réelle, qui est l'une des causes les plus fréquentes d'accidents; que sera-ce donc du jour où l'ouvrier saura que tout accident lui donnera droit à une pension ?

Mais, disons-le tout de suite, ces critiques ne vont pas sans une certaine part d'éloges. Rejetant le système de l'assurance obligatoire, notre législateur a laissé au patron et à l'ouvrier toute leur liberté. Chez nous surtout ne vaut-elle pas mieux que toute contrainte? N'a-t-elle pas fait cent fois preuve de son élasticité? Elle a imaginé et imagine chaque jour, sous nos yeux, mille combinaisons nouvelles, qu'étoufferait l'obligation.

Nos industriels de leur côté font les sacrifices les plus grands. Dans les sociétés houillères notamment il a été établi de nombreuses caisses de prévoyance et sous l'initiative de M. Heurteau, son directeur, la compagnie d'Orléans, le 2 mars 1888, adoptait un règlement on ne peut plus libéral pour les victimes d'accidents. On leur fait une pension de 400 fr. au moins, quels que soient leur âge et la durée de leur service. L'on pousse même la sollicitude jusqu'à fournir aux enfants et à la veuve de l'employé une pension, dont le minimum est de 300 fr. par année.

Devant d'aussi généreux efforts, devant toutes les objections

que soulève le projet, ne serait-il pas prudent d'abandonner ces
dangereuses innovations et n'aurait-on pas donné satisfaction aux
légitimes réclamations des ouvriers, si l'on intercalait au titre du
contrat de louage un article ainsi conçu ?

« Le patron prendra toutes les mesures de précaution de nature
« à prévenir les accidents.

« Faute par lui de ce faire et d'en apporter la preuve, il devra
« réparation à la victime de l'accident, à moins qu'il ne démontre
« que cet accident est dû au cas fortuit ou à la force majeure.

« Les parties ne peuvent, par leurs conventions, déroger aux
« présentes dispositions.

« L'assurance demeure libre. »

Cette dernière disposition compte cependant de nombreux
adversaires et dans le congrès qui s'est tenu à Paris, au mois de
juillet dernier, c'est le système de l'assurance obligatoire qui a
été préconisé. Jetez les yeux, nous dit-on, sur la loi autrichienne,
c'est d'elle qu'il faut vous inspirer. Comme elle, il faut faire
supporter la prime de l'assurance un dixième par l'ouvrier, neuf
dixièmes par le patron.

Eh bien ! croyons-nous, si nous doutons de nos forces et si nous
avons besoin d'exemple, ce n'est ni de l'autre côté du Rhin, ni
de l'autre côté des Alpes qu'il faut l'aller chercher. Que l'on
regarde cent ans en arrière et l'on verra quelles entraves étaient
ces corporations, que l'on s'ingénie à rétablir sous d'autres formes,
ce qu'il en a coûté de peine à nos pères pour acquérir cette liberté
qui a tant profité au travail et à l'industrie, et dont on semble,
ajourd'hui, faire si bon marché.

J'en aurais fini, Messieurs, et je n'abuserais pas davantage de votre bienveillante attention, si un deuil, qui vient de frapper, en même temps que notre Barreau, l'une des plus sympathiques familles de notre contrée, ne me faisait un devoir de rendre un dernier hommage à la mémoire de notre regretté confrère M. Jarrassé.

Né à Parthenay le 16 octobre 1859, Jean-Louis-Alfred Jarrassé joignait aux qualités intellectuelles les plus brillantes un vif désir de connaître et d'apprendre.

Il manifesta de bonne heure un goût prononcé pour les études juridiques. Tout ne semblait-il pas le pousser vers elles: son esprit délicat et judicieux, sa puissance de raisonnement, son ardeur au travail, les traditions mêmes de sa famille. Magistrats distingués, ses grands-pères et son père s'y étaient consacrés tout entiers. Il devait comme eux y exceller.

Il entra donc à l'école de droit en 1879, et là chaque année fut pour lui une nouvelle étape dans la voie des succès. Licencié en droit en 1882, il s'était fait remarquer dès l'année précédente dans un concours. Il avait remporté la première médaille d'Économie politique. Cette année même, la première médaille de droit international, la seconde médaille de droit civil furent la légitime récompense de ses généreux efforts.

Son ambition était plus grande et, toujours avide de science, il abordait hardiment le doctorat. Un important mémoire lui faisait décerner, en 1884, la médaille d'or de doctorat à la Faculté de droit, une mention à l'Académie de législation de Toulouse. Le 3 juillet 1886, il soumettait une thèse non moins remarquable à la Faculté de Poitiers, qui l'admettait au grade de docteur en droit et lui adressait des éloges.

Une aussi lourde tâche si bien remplie et de tels travaux ne lui firent pas négliger le Barreau, où il avait pris place dès 1882. Ici les succès ne furent pas moindres qu'à l'école.

Sa parole facile et distinguée, sa réplique aussi habile que sûre le désignèrent immédiatement. Secrétaire de la conférence du stage pendant deux années, il prononça en cette qualité et à cette place même un discours fort remarqué sur « la Recherche de la paternité ».

Mais depuis 1885 il était inscrit au tableau de notre Ordre, et désormais bien armé, prêt pour la lutte, il avait, dans des affaires délicates et ardues, abordé la barre de la Cour, sans négliger pour cela ses études favorites. Il faisait paraître en effet dans la *Revue critique de droit et de législation* une savante étude et se préparait à collaborer au recueil des *Pandectes françaises*.

Il allait enfin pouvoir atteindre le but depuis si longtemps poursuivi, — un concours pour sept places d'agrégés était annoncé et va s'ouvrir au mois de mars prochain, — lorsqu'une redoutable maladie, devant laquelle ont succombé tous les efforts de la science médicale, est venue le ravir à l'affection des siens, de ses confrères, de ses nombreux amis.

7729. — Poitiers, Imprimerie BLAIS, ROY et Cie, rue Victor-Hugo.

Imp. Blais, Roy et Cie